遠州の女城主

井伊直虎

35の選択

濱畠 太

遠州の女城主
井伊直虎　35の選択

まえがき

四百五十年ほど前の戦乱の世、
浜名湖の北岸に女の城主が生まれた。
井伊谷城の「井伊直虎」という、
男の名を持つ城主である。
実に珍しい存在である。
ただ、分かっていることはそう多くない。

直虎が活躍したころの井伊家については史料が少なく、
現在知られる当時の歴史は主に『井伊家伝記』の記述にもとづいている。
その『井伊家伝記』というものも、
一族の菩提寺である「龍潭寺」の九代住職祖山法忍が、
あくまで伝承をもとに記したものだが、
その中に「次郎法師、地頭職の事」とある。
『井伊家伝記』の内容には矛盾点もあり、

その記録を鵜呑みにすることはできないが、
そこには、井伊直盛の娘（直虎）が
井伊直親（二十三代）のいいなずけであったことや、
井伊家存亡の危機を救った人物であったことなどが推測できる。

舞台になる町、遠州の井伊谷は、
水が豊富であることから、
近年「井の国」と名付けられた郷だ。
古代、水を神と崇める人々が住んだ地といい、
そこから中世の武士井伊氏がおこった。
初めてこの井伊姓を名乗ったのは、平安時代半ばの共保という人で、
それを一族の始祖としている。
共保は寛弘七年（一〇一〇）に、
いまの龍潭寺そばの「御手洗の井」から生まれた
と言い伝えられている。
神主が見つけて養育した子を藤原共資が養子にしたという。
ちょうど都では『源氏物語』が誕生したころである。

それに比べると、井戸から生まれたという話は、少しつたないが、
親子に血縁がなかったことを示す逸話であり、
かつ、水を神聖視する一族の遠い記憶を伝えている。
その伝説の井戸は今も残り、
歴史の流れに置き去られたかのように、
静寂のなかに置かれている。
以来、井伊家はこの地にとどまって、
とぎれることなく支配を続けた。
初代から五百年ほど、世襲によって保たれてきた井伊の家運は、
戦国時代を迎えて危機に瀕することになる。
駿河の巨大勢力、今川氏の興亡という大波にほんろうされ、
井伊家は滅亡寸前にまで追いやられた。
その危機を救って、再興への道筋をつけたのが、
ほかならぬ女城主、井伊直虎だった。
彼女の果断なかじ取りによって、
井伊家は息を吹き返したばかりではない。
やがて江戸時代を通じて、

まえがき

幕府行政の最高職、大老を五人も輩出するほどの大名となっていく。

女性の武将というだけでとても珍しい存在だが、
彼女は、どのような人物だったのだろう。
残されたわずかな伝説と、正確とは言い切れない史料に頼るしかないが、
そこから見えてくる人物像を、
私はこのように感じている。

「しなやかに、混乱を切り抜けていった女性」

「しなやか」という言葉は多くの辞書に、
「よくしなうさま」とある。
「しなう」とは、弾力があって折れずに曲がることである。
折れずにしなやかに生きる
戦国の世ならずとも、
それは人生の理想のひとつだろう。

直虎が生き抜いた道のりを、七つの視点から見つめてみた。

1『宿命』　宿命に翻弄されるが、
しっかりとそれを越えていく強さを持つ。

2『転機』　大きな転機さえも利用し、
プラスに転じさせる器を持つ。

3『冷静』　ときに冷静に場を見極め、
自分のやるべきことを察する力を持つ。

4『責任』　城主としての責任を重く感じ、
いつも覚悟を宿している姿勢を持つ。

5『手腕』　女性ならではの手腕で、
危機を切り抜ける知恵を持つ。

6『判断』　さまざまな判断を重要視し、
怖がらずに次の一手を考える策を持つ。

7『未来』　前向きに未来へと続く道を
作りあげる夢と希望を持つ。

まえがき

男性至上の戦国時代を、しなやかに生き抜いた直虎。
その一生を七つの言葉で照射してみるとき、
私たちの生き方のヒントが見えてくる。

もくじ

第一章「宿命」 13
第二章「転機」 31
第三章「冷静」 49
第四章「責任」 67
第五章「手腕」 85
第六章「判断」 103
第七章「未来」 121
戦国の女地頭・井伊直虎の生涯 138
あとがき 147

井伊氏系図

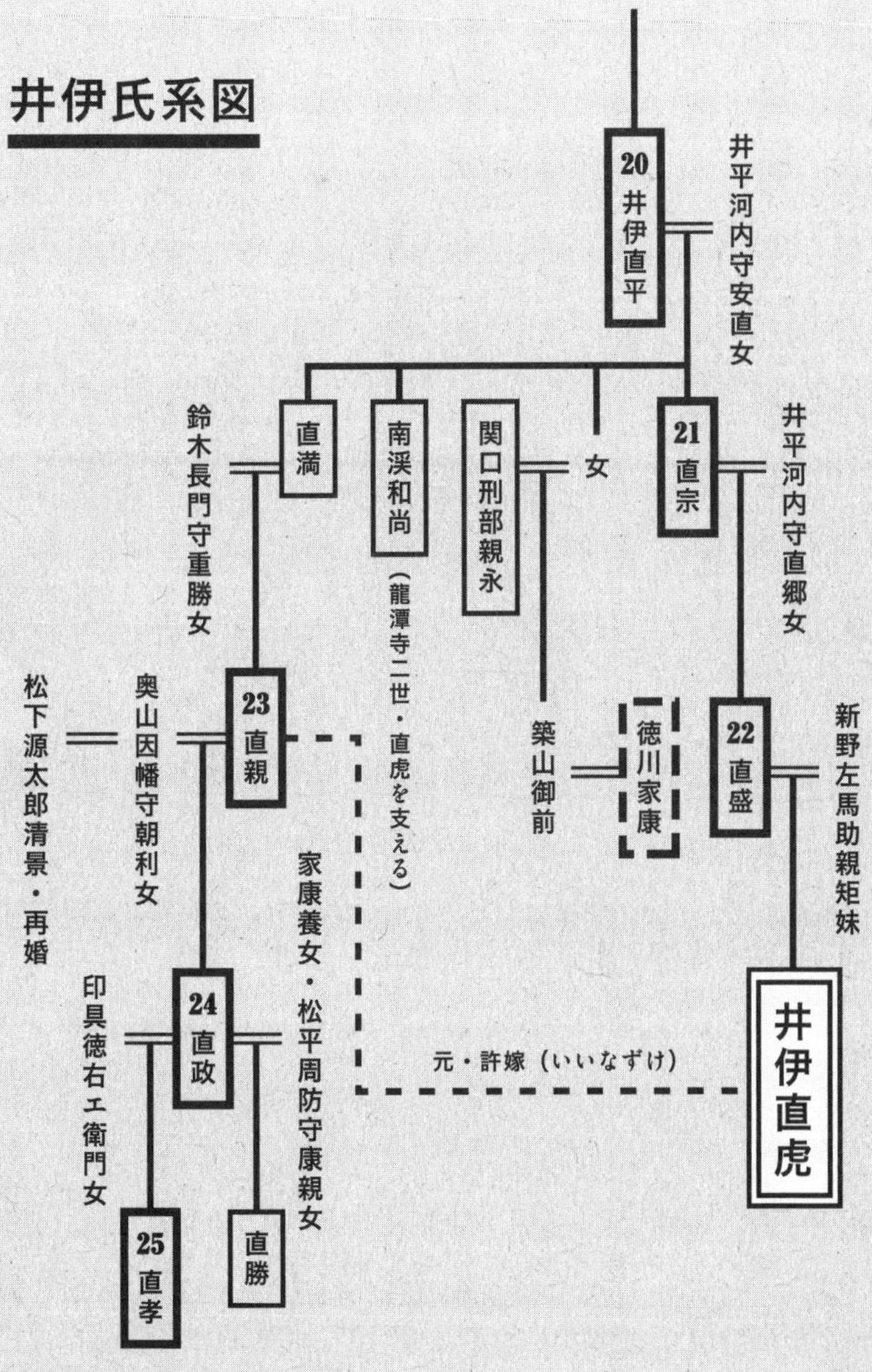
20
井伊直平
井平河内守安直女
直満
南渓和尚
（龍潭寺二世・直虎を支える）
関口刑部親永
女
21
直宗
井平河内守直郷女
鈴木長門守重勝女
23
直親
奥山因幡守朝利女
松下源太郎清景・再婚
築山御前
徳川家康
22
直盛
新野左馬助親矩妹
井伊直虎
元・許嫁（いいなずけ）
24
直政
印具徳右ェ衛門女
家康養女・松平周防守康親女
25
直孝
直勝

第一章

「宿命」

井伊家に一人娘が誕生

井伊谷の領主、井伊直盛に
一人娘が授かったのは、
天文四年（一五三五）ごろだったろうか。
詳しい生まれ年も、
なんという名の姫だったのかも伝わっていない。
本来なら家系図の中にいう、
「女」（むすめ）である。
しかし、ただの「女」では終わらなかった。

駿河国（静岡県中部）の大名・今川義元の家臣、
井伊直盛は、井伊家二十二代当主だ。
直盛と正室（祐椿尼）の間には、一人娘しかいなかった。
その娘が後の井伊直虎である。
嫡男のいない井伊の家督は、
直盛のいとこである亀之丞（後の二十三代当主・井伊直親）を
婿養子に迎えて継がせることが内定していた。
つまり、直虎は幼いころから、
大叔父・直満の嫡男との結婚が定められており、
それを周囲も本人も当然のこととして受けとめていた。

たとえ城主の一人娘であろうと、
武士の家に生まれた女には、男とは違う種類の拘束と、
自分では変えられない宿命が待つ。
他者があらかじめ敷いたレールの上を走らされる境涯、
もちろん、それ自体が不当なもの、
悲惨なものだというわけではない。

要するに、外からたがをはめられた人生のなかで、
自分の選択肢の限界を見極め、
どういう道のりを自分で選びとっていくかが問題である。

直虎が生を受けたころの井伊の家は、
どんな境遇にあったのだろうか。
そのころ、たて続けに井伊家を襲った不運の数々を、
直虎の曽祖父の目で見てみよう。
曽祖父直平は、井伊家二十代の当主。
七十五歳とも八十五歳ともいう、当時としては長い生涯を送った。
その間、まだ若い息子三人が戦死あるいは刑死して、次々と先立ち、
さらに世継ぎの孫と曽孫の死にも遭い、
自身も高齢の身で戦いの中に死んだ。
味方のはずの今川家臣の手で毒殺されたのだともいう。
なにも井伊家が特別だったわけではない。
似たような悲劇は、戦乱期の武家にとって、
ありふれた出来事であったろう。

いずれにしても、相次ぐ井伊家の男たちの非業の死は、
すべて一つの原因から起きている。
駿河今川家の勢力拡大という野望である。

直平は若い日に遠州の国人領主として、
駿河から西進してきた今川軍に抵抗して、戦いを繰り返した。
何年かにわたる戦いののち、
ついに今川に臣従することになった。
その後は今川家臣として、井伊谷を支配する月日を重ねていった。
しかし、家督を継いだ長男直宗が天文十一年（一五四二）、
今川に命じられた戦で討死する。
親より先に子が死ぬ。世間でいう逆縁である。
急死した直宗の跡は、その長男の直盛が継いだ。直虎の父である。
ただ、直盛には後継問題という急所があった。
そこで、前述の養子計画となるのだが、
これが再び悲劇の火だねとなる。
直盛の筆頭家老、小野和泉守がこれに反対した。

嫡男がない以上、自分にも井伊谷を押領する目がありはしないか、そう考えたかもしれない。

小野はこの養子つぶしに動いた。

標的にされたのは、当主直盛の叔父二人、すなわち亀之丞の父直満とその弟直義である。

「二人が謀反を企てている」

小野の密告は今川家の急所を突いた。

駿府の今川邸に呼び出された二人は、申し開きもむなしく処刑されてしまう。

さらに小野は、今川の命として「亀之丞の処刑」を言い渡す。

ところが、亀之丞は家臣の機転で、かますに身を包まれ信州伊奈（伊那）郡市田郷（現、長野県下伊那郡高森町）へ落ちのびた。

表向きには「病死」であった。


いいなずけであった亀之丞と直虎の二人は、どちらもまだ十歳にも届かぬような子供であった。

ざっとこれが、直虎の異例な人生の序章である。

ともかく直虎にはレールが用意されていた。
武家当主の妻として実家を支える内助の道、
しかしそのレールはとても想定どおりには延びなかった。
戦乱の世の常である。
幼い直虎は、これから起こるさまざまな試練を知る由もない。
想定外の波乱に満ちた人生を、どう乗り切っていくのだろうか。

01

自分はだれだ

井伊家の一人娘として、大きな意味を持ち生まれた直虎と同じく、
すべての人が宿命を抱え、生まれ、生きていく。
また、一人の人間が生きていることは、
少なからずこの社会に影響を与える。
いかなる宿命をかかえようと、
その影響が、新たに生きている意味をもたらす。
「自分はいったいなんのために生まれてきたのか」
だれもが自分の胸に問いかける。
「私の存在など小さく弱いから、何もできない」

と、ため息をつく人。
「私の存在など小さく弱いから、何でも挑戦できそうだ」
と、息をはずませる人。
確かに、人間一個の力は小さい。
小さい存在であるがゆえに、
私がどんなことを目指そうと、たいていは許されるはずだ。
そう考えれば選択肢はぐんと増える。
そういう小さい意思の集合体が社会である。
そんな気構えを持つためには、人はまず、
自分を他人の目で見ることから始める。

自分はどういう人間であるのか。

「オノレとはナニカ」

古今、あらゆる人々が、考えに考えてきた問いである。

02

格差の壁

人は生まれる家や場所を選ぶことはできない。
だれの人生も、その序章は生まれ落ちたときに定まっている。
スタートラインは個別のものだ。
それを「格差」と呼ぶ人もいるだろう。
格差をどう縮めていくか、
それを求めてきたのが人々の理性である。
直虎の人生も、武家社会という枠組みのなかで、
きっちりと序章が定められていた。
もちろん序章はあくまでも序章で、
本編はだれにも想像できない展開を見せていく。

序章を形づくるパーツは人それぞれに違う。
それを格差とは呼ぶのは当たっていない。
これから書き加えられていく章立てのための、ただの条件にすぎない。
同じものは一つとてない固有のものであり、
唯一無二の存在の個性というものが築かれていく土台である。
人が長ずるにおよんで、自分の生まれ落ちた環境に、
不満を持たない人間がどれほどいようか。
それは通過儀礼のようなものだ。

格差は、自らの個性をつくる要素。
人がこのことを知ったとき、
ようやく境遇を悲観している場合ではないことに気がつく。
格差の壁を見上げている時間がもったいない。
その分だけ個性磨きの時間が減るのだから。

03 忘れる力

土地を支配する者の一人娘であった直虎を、
周囲はどんな思いで育てたのだろうか。
足りぬものはない生活、愛に満ちた暮らし、
そんな明日あれかしと大人たちは願っていたことだろう。
家を一歩外に出れば、血で血を洗う世間が待っているのだから、
なおさらである。
もちろん、女の身で一族のボスを務める日が来るとは
夢にも思っていない。
だから、宗主のただ一人の子であったとはいえ、
帝王学のような教えなど、まったく無縁であったろう。

しかし「やればできる」「努力は必ずむくわれる」

といった教訓は、繰り返し頭の中に刷り込まれたに違いない。

たいていの人がそうであるように、直虎もまた、
大人たちの空約束に似た言葉が、
必ずしも真実でないことを知ることになる。

ましてや、社会の大波にほんろうされ続けた人生である。

「やろうとしても、できないことはある」

「努力が必ずむくわれるわけではない」

そういう思いに歯ぎしりをした夜もあったろう。

そこで、堂々めぐりをしたくはない。
努力や挑戦が実らなかったら、
あっさり忘れる力が大事である。
その力が、新しい目標へと後押ししてくれる。

04
多面性を見出す

乱世を城主として生き抜く直虎を部下たちはどう見ていたのか。
実力がむき出しになる世の中だっただけに、
親のＤＮＡへの敬意だけでは、部下たちはなびかない。
群れを統率する人に対して、人はよく
「器の大きい人だ」などと評する。
直虎もそんなふうに思われていたのだろうか。
器の大きさとは、単に心の広さだけを指すものではない。
人間が他者を受容するとき、
その受容器は多面性をもっていなくてはならない。
多くの人間とまじって、心を共有しようとするときは、
自分の中にある複数の性格をコントロールすることが必須となる。

世間はよく、一本気な人間を愛し、
たくさんの顔をもつ人間、裏表のある人間をいとう。
しかし、臨機応変に事態を切り抜けるのが上手な人は、
自分の中の多面性をよく知っていて、
うまく使い分けているのではなかろうか。

そもそも人間の中には多面性がある。
その場にふさわしい自分を表に出し、
ふさわしくない面はしまい込む。
それが人づきあいである。
表に出していない、裏にある自分が多ければ多いほど、
さまざまな状況を切り抜けることができる。
多面性をもっていれば、さまざまな場を包容できる。
それこそ「度量が広い」という評価の本質だ。

05 劣等感のもつ力

直虎が、生きる上での理想像を周囲に求めることがあったろうか。
娘であるからには、父である直盛にそれを求めたかもしれない。
あるいは、いいなずけだった直親を
そういう目で見つめた時代があったのだろうか。

支配者としての彼らを見るとき、自分にないものを痛感しただろうか。
確かに、自分には男たちの強い腕力はない。
実在の人間に自分の理想を求めることは、悪いことではない。
そのスタートは彼我との違いを知ることだ。

彼にあって自分にないものはなにか。

自分の方が劣っている部分はなにか。
つまりは、自分の中の劣等感を白日の元にさらけ出すのが、
最初の作業になる。
劣等感はべつに忌むべきものではないし、弱さでもない。
自分を高みに引き上げてくれる、原動力のようなものだ。
劣等感への心配りを失えば、ただ傲慢だけが残る。

自分はまだその人たちに追いついていない。劣っている。
その劣っているという事実が、
追いつこう、何とかしようと、努力を後押しし、
その速度に拍車をかける。
劣等感を抱き、劣等感を利用することで、
自らの思い描く理想は、より具体性を帯び、
着実にそこへ向かわせてくれるだろう。

第二章

「転機」

姫は出家、次郎法師を名乗る

大叔父二人は無残に殺され、
いいなずけ亀之丞もまた
生死も分からぬ遠い人となってしまった。
武士の暮らしの無常を思い知らされ
姫は出家の道を決意する。
大叔父の南渓和尚を頼って、
龍潭寺に入った。

生きているのか、亡き人なのか、
姫にとって亀之丞は、もう遠い人になってしまった。
まだ遊びたい盛りだろうに、姫はついに出家を決意する。
引き受けたのは、大叔父の南渓和尚である。
曽祖父の息子たちの中の、たった一人の生き残りである。
龍潭寺の二代目の住職となっていた。
和尚はこのあと、直虎の生涯を通して
直虎の意思決定に深く関与するキーパーソンとなる。

娘の出家を嘆いた両親は
「せめて尼の名前だけは付けないで」と和尚に頼んだ。
ところが、姫の決意は固い。
「出家したからには尼の名を」と和尚に訴えた。
和尚は考えた末に「次郎法師」の名を姫に授けた。
尼としては、不思議な名前である。
和尚にはなにか深謀があったのだろうか。

養子問題は無念の結末となったものの、
直盛は再び今川の重臣としての階段を昇っていく。

天文二三年（一五五四）、事件の引き金となった小野和泉守が死ぬと、翌年、亀之丞は信州での十二年にわたる逃亡生活を終えて、若い侍となって井伊谷に戻って来た。

今度はとがめる人もなく、直盛の養子となって、直親と名を改めた。ただし、直親は奥山因幡守の息女と結ばれ、出家した直虎と結ばれることはなかった。


永禄三年（一五六〇）、今川軍の先鋒をつとめていた直盛は、桶狭間の奇襲に遭い、主君今川義元とともに戦死してしまう。

かねて約束した通り、直親が二十三代目の井伊家当主となった。

が、井伊家の不運は終わらない。

悪夢の再現とでもいうような事件が起きるのである。

家老の小野但馬守（和泉守の子か）が、またも

「直親に謀反の動きあり」と、今川に訴えたのである。
直親は駿河に呼び出され、その途次の掛川で
今川家臣の朝比奈氏に殺害されてしまう。
当主となってわずか二年であった。
十八年のときを経て、親子がそっくりな殺され方をしている。
どういう因縁なのか。小野一族の執念だろうか。
事件はしかし、
「私怨」という小さなスケールでは測れない。
底流には、家臣の寝返りを恐れる、今川の疑心があったのである。
桶狭間の戦で当主義元を失うと、今川の力は一気にしぼんでいく。
遠州の武士たちの離反の動きは早く、今川はそれを恐怖した。
一方、三河から遠州へ進出しようとする松平（家康）にとって、
途上の井伊谷城との連携は緊急の課題であった。
だから、家康と直親の接触は実際にあったのだろう。
それを察した家老、小野が危機感を抱いたのも無理はない。
このとき、かつての亀之丞と同じように、
直親の息子虎松の命も狙われたが、

直虎の母の兄、新野親矩が自分の館にかくまった。

尼として日を送る次郎法師（直虎）は、
この直親の無念の知らせをどう受け止めたのだろうか。
結婚を諦め、男の名前で、
男としての人生を覚悟していたはずである。
しかし、かつてのいいなずけの悲報は、
一人の女として、胸えぐられるような思いだったに違いない。

領主の姫から出家の身へ、レールは大きく曲がった。
この急展開はもちろん、大人たちの思惑によるものだ。
戦国の世のパワーバランス、生き残りを賭けた大人たちの選択、
ではあっても、出家という選択は、人生の一大事である。
本人の強い覚悟が必要だったのではなかろうか。

直虎の選択。
このように大きな決断は簡単なはずはない。

簡単ではないからこそ、最後は自分を信じ、
強く、潔く切り拓いていく力が必要になる。

「転機は必ず訪れる」
転機を現象とせず、意志で切り拓く。
転機さえも人生に取り込み、内包して歩む強さ、
そこに、直虎から私たちへのメッセージが見えてくる。

06

挑戦を恐れない

ある程度の経験を積み、仕事や人生も安定しつつあるとき、成長は停滞してもおかしくはない。

挑戦することよりも、「もうこれでいい」と、安全圏に入ることを重視する。

しかし、これは生活スタイルの話にすぎない。

「成長したい」という思いそのものは完全消滅することなく、その炎は、心のどこかで、くすぶり続けているのではないか。

出家の身で陰ながら井伊家を見守ろうとする直虎も、時代の流れに飲まれるように、再び表舞台に立つことになる。

くすぶり続けている成長への炎をどうすればいいか。

その答えが分からないならば、
数年前の自分を思い返してみればいい。

そのころ、必死に、ひたむきに挑戦し、失敗もした。
経験不足の自分を前へ前へと推し進め、時には傷ついた。
経験と同じ分量の成長を遂げた。達成感もあった。
そして、心はなぜか、平坦な道と変わらないくらい安定していた。

挑戦を続ける人の生活は不安定である。
しかし、挑戦の最中に、人は傷つきにくい。
成長と安定
それは対立概念ではない。
「突き進み、挑戦し続けているときも、安定を手に入れられる」
挑戦し続けていた数年前の自分が、そのことを教えてくれる。

07

気持ちを書き換える

心を満たすものは、人それぞれ異なる。
自分は、何がどこまでに達していれば、満たされる感覚に浸れるのか。
ある経営者は、自社の仕事や従業員にはやりがいがあると言う。
そこで、「仕事のやりがいとは何か」、と問う。
すると経営者は、「給与の高さ」と答えた。
従業員の個性を尊重しない、悲しい会社の話である。
やりがいは人それぞれに違う。

人の気持ちは移ろいやすい。
直虎はいいなずけが、死んだと聞かされる。
もしそれを信じていたならば、徐々に自分を納得させ、気持ちは薄らいでいったかもしれない。
しかし、まだ生きているのでは、と疑っていたならば、
いいなずけへの思いはかえって募ったのではないか。

どうしても手に入れたいと思っていたものが、
しばらく時間がたつと、恐ろしいほど色あせて見えたりもする。
色あせたそれを見たときに思うのだ。
「私はいったい、何に魅力を感じていたのだろう」

なにが心を満たすのか、その定義は不変ではない。
「定義はすぐに古くなる」

心を満たすためには、大切にしていた自らの思いさえも、
新しく書き換える勇気が必要だ。

08 苦手な人から逃げない

直虎の生きた戦国時代、武士たちは常に死と隣り合わせだ。
いつ訪れるかわからない敵からの攻撃に
神経を張り巡らせなければならない。

動物には天敵がいる。
天敵の存在が、より高いレベルの生き方へ駆り立てる。
人間の天敵は人間だ。
最大のライバル、苦手な人物に対して、
どう向き合えばいいのか。

天敵のいない日々は安泰だ。

安泰な暮らしには、工夫も知恵も必要ない。
ライバルこそが、自らに工夫と知恵をもたらし、
レベルアップを促してくれる。
組織づくりも同じことだ。
組織の中にこのライバル意識を持たせれば、
それぞれが化学反応を起こし、
組織全体のレベルとモチベーションが高まる。

今は戦国の世ではない。
したがって、天敵に命を狙われることはない。
苦手な人が工夫と知恵を与えてくれる
だとしたら、逃げずに話しかけ、意見を聞いたほうがいい。

それが、自分の成長に直接つながる。

09 打ってみたい一手

信長、秀吉、そして徳川家康
この三人に仕えた囲碁の棋士がいた。
「本因坊算砂」
現代にまでつづく本因坊家元である。
盤上の争いは、実際の陣取りに通じる。
武将たちはそこを愛した。

ある名棋士が、安全な一手を打った。
先を読み、リスクを考慮し、
勝つために導き出した真剣勝負の一手だ。
しかし、そのときの心の中を聞いてみたい。

「その安全な一手は、最善の一手だったのだろうか」

たしかに、定石は最も強い手だ。
しかし、もう一つの手が心をよぎらなかっただろうか。
打つべき手ではなく、打ってみたい手。

人生の勝負ならば、
打ってみたい手があるはず。

強い意志と個性を備えた一手は、
定石さえも越えたパワーと存在感を発揮して、
周囲の空気を一変するに違いない。
その一手は、
文字通り常識はずれの結果をもたらす可能性を秘めている。

10

自分を見る第三者の目

井伊家が生き延び、活躍した戦国期。
合戦は武力だけでなく、
相手の先を読む心理戦も重要となる。

つまりは、自分たちの狙いだけで戦略を立ててはならない。
「相手はどう出てくるか」
自分たちの状況よりも、敵の考えていることをしっかりと見つめ、
相手の状況を知ることが重要である。

主観を消し去り、
相手の立場を想像して、対策を練る。

しかし、勝負についてあらためてよく考えてみると、
戦っている双方だけではなく、
もうひとつの視線があることに気が付く。

それは、自分と、相手の戦いを客観的に見ている、
第三者の視線。
この第三者は、二人の勝負を勝手に推測し、評価し、
冷静に勝敗を予想している。

勝負の時、この第三者視線で俯瞰して、
自分と相手の動きを公正に見つめ、捉えることができれば、
相手の心だけでなく、勝負そのものの先を読むことができる。
この視線によって、今までは見えなかった、
思いもよらない奥の手がひらめくことがある。

第三章

「冷静」

法師から武将直虎へ

かつてのいいなずけ直親が今川に惨殺され、
頼みとする曽祖父直平もいまはない。
戦のため家臣の多くも命を失い、
生き残りは直親の幼い遺児、
虎松だけである。
一族の命運が女の細い肩にのしかかる。
次郎法師はついに井伊家の頭領、
直虎として立ち上がった。

出家した姫に、南渓和尚がつけたのは奇妙な男の名前
「次郎法師」
これには、どんな意図があったのか。
「尼の名前だけはつけてくれるな」という親の願いに、
なにか含みがあったのだろうか。

南渓が知恵をしぼった名前
「次郎」は次男の意味ではなく、
井伊家においては長男が継いでいく俗名だという。
そこに「法師」という男僧の名をくっつけた。
聖と俗をドッキングさせたこの名。
意味としては「井伊家の惣領で僧籍にある男」
ということになる。
いよいよというとき、井伊家の跡目を継ぐ余地もあるのではないか。
実際に、父親と和尚とがそんな相談をしていたのか
どうかは分からない。
しかし、井伊家の存続をわずかな望みに賭けたとしても、無理はない。

実際に、このかりそめの「男」が、井伊家の家督を継ぐ日、
それが現実のものとなるのである。

二十三代直親が掛川で殺害された次の年（一五六三）、
長きにわたって井伊一族の柱となってきた、
長老の曽祖父直平までもが、戦陣で急死する。
味方の今川家臣による毒殺であったともいう。
ひ孫の姫がいつか女城主として領内を差配する日が来るかもしれない。
内心、そう願っていたとしても、この老人がそれを見ることはなかった。

井伊家当主を継ぐことのできる血縁は、
直親が死の前年にもうけていた長男、虎松だけである。
まだほんの幼児だ。
今川に殺されるところを、なんとか生き延びた。
幼い虎松が長ずるまでの期間、
後見人として、次郎法師を家長に立てることが可能だろうか。

未婚の女性が家督を継ぐ。
たしかに異例ではある。
しかし、尼とはいっても、表向きには惣領の名を持つ「男子」である。
いちかばちかの賭けに出た。
ついに永禄八年（一五六五）、
法師は名を直虎と変えて井伊家の当主となった。
世にいう、女城主の誕生である。

幼い日々に、身内の者たちが次々と
命を落としていくさまを目の当たりにしていた少女。
理不尽な死の数々を引き起こした今川という権力。
むごい仕打ちをなげきながら、
なお服従を誓わねばならぬ戦国の不条理。
純真な胸に、深い傷を抱えながら、姫は出家の身となった。

龍潭寺は禅寺である。
禅というのは、おのれの中を深く深く掘り下げ、そこに仏性を見出そうとする哲学である。
心に深手を負った多感な少女は、
質素な信仰生活のなかで、自分を見つめ、
何を見出していったのだろう。
出家した後、父を失い、いいなずけを失った。
生きること、死ぬことの意味を問う、
その長い長い時間があったからこそ、
一族の命に責任を負うという重い役目を引き受けてなお、
動じない心のしなやかさが生まれたのではなかろうか。

女性の当主としての、直虎の心はどこにあったのだろう。
女性だからこそ穏やかに、周りの状況、そして自らの能力をさしはかり、
武力に頼るのではなく、
知力で井伊家を存続させる方法を考え抜こうとしたのだろうか。

窮地を脱する方法を見極めるために唯一の条件がある。
それは、冷静な心だ。

急ぐことも、焦ることも許されない。
しかしゆっくりとしていては、時代や周りに置いていかれる。

簡単な話ではないが、危機が大きいときほど、
冷静さを保つ必要がある。

「自分は、どれくらいの大きさの出来事に対して、危機に陥るか」
危機とは、自らの包容力を天に計られているようなものだ。

危機に瀕した時、いかに冷静な自分でいられるか。
状況を判断し、優劣を見極め、次なる一歩を進めるための方法を導く。

11 孤独の価値

町を離れ、森に囲まれた静かな場所で、目を閉じてみると、
精神が休まり、研ぎ澄まされる。
鳥の声が耳に届き、心に染み入る。
やがてそのさえずりさえも聞こえないほど、
意識は、自分の心にのみ寄り添い始める。

ひとたび、雑念、雑音のない、集中できる環境に身を置くと、
時には孤独になる必要があると、実感できるだろう。
孤独という環境は、人を冷静にさせる。
静寂に包まれた井伊谷で直虎も自らに向き合い、
取るべき道を思案していたに違いない。

孤独な環境で自分に向き合うことができれば、
次はその心で冷静に周囲を見てみるといい。
周囲とは、自らの立ち位置、置かれた環境、作り上げた人脈など、
取り巻く状況のすべて。

多くの人と関係して生きていくのが私たちの社会。
孤独のなか研ぎ澄まされた感性で、
ものの本質、人の本質に焦点を当てることができたとき、
今度は、逆に、多くの人たちと生きていく意味、
社会に存在する意味が見えてくる。
つまり、孤独な時間の重要さは、
社会を孤独に生きていくことではない。
社会を人とともに生きていく必要性を見つけるために、
冷静になる時間を作るのである。

12

心地よい加減を知る

井伊谷城に続く山道を歩くと、
手のひらの大きさにも満たないカマキリの子が足先にとまった。
軽く指で触れると両手を構え、臨戦態勢になる。
こちらが本気になれば、
小さな虫などひとたまりもないのに、
その臨戦態勢の小さな虫を見たとき、
私たちの生き方も同じようなものだと、反省し、教訓を得る。

「いかなるときも、過剰ではなく、冷静に、
相手の心地よい『加減』を知ることが望ましい」
自信過剰にものごとを語りながら、

横柄に社会を生きていくならば、
いつか、どこかで、必ずつまずくときがくるだろう。
自信過剰な心は、自分が正しいという勘違いを起こす。
その勘違いは、死角をつくり、他人の良いところを見えなくさせる。
死角によって、他人から学ぼうとすることをやめ、
他人の意見に否定的になっていく。
本来学べたはずのものを、得られなくなる。

度を越える、つまり、過剰な状態に利点は少ない。
直虎は自らを過信することなく、素直な心を持って耳を傾けたからこそ、
家臣たちが支え続けたのではないだろうか。
過剰でもなく、不足でもない。
等身大の自信を持ち、生きていくことが、
私たちの生きる現代社会には一番適合するようである。

13 言葉を待つ

食材をおいしくするために、
熟成という工程・技術がある。
熟成は、一定の期間を置くことで、味と品質をより高める。

「思いついた意見を口に出すか、留めておくか」
思い浮かんだばかりの言葉は、
そのときの衝動、感情を強く残している。
言うなれば、まだ熟成されていない言葉だ。

問題は、その生まれたての言葉を発したあとに、
どのような影響が及ぶのかを、判断できていないことにある。

ただし、深読みしていない分、
初心のままの、ありのままの思いが込められている。
戦国の世において、城主による一つの言葉が重要な分岐点となる。
直虎も熟考して一つ一つの言葉を発し、
家臣たちをまとめていったのではないだろうか。
「感情のまま伝えることは、本当に正しいのか」
「伝えたらどうなるか」
「もっとふさわしい言葉はないか」
浮かんだばかりの言葉を、
少しの間だけ頭の中に閉じ込めてみると、
状況は変わる。
熟成の工程は簡単だ。
発言する前に、十秒ほど、我慢すればいい。
その十秒が、周囲の人を魅了する言葉に、進化させてくれる。

14

常に問題意識を

晴れた日の夜空。
見上げると、たくさんの星がきらめく。
私たちの想像力は、星と星をつなぎ、形を作り、
星座を創りあげた。
星と星は、互いを知らない。
人間の自由な想像が、大空の無関係な星を結びつけただけのことだ。

このことを、日々の生活に置き換えてみたとき、
想像力の重要性をあらためて感じさせられる。
一見、何の関係もないそれぞれの断片を、
想像により結びつけ、意味や物語を見出す力。

この想像力を育てるには、
自分の中にある問題意識が関わっている。

後に直虎は、徳川家康に幼いいいなずけの子(虎松)を引き合わせた。
これが、井伊家の長期安定へとつながることになる。
さまざまな視点で物事を捉え、
先を見通す力があったことを物語る一つの逸話である。

問題意識の低い人は、断片は、単なる断片として捉えることしかできず、
いくら観察をしても、点と点からは可能性を見つけ出すことができない。

常に問題意識を持つ人は、
自分の中で、情報を組織化する力、
つまり、冷静に全体を見渡し、因果関係を発見する力に長けてくる。

15
純真無垢と意思

直虎の生きた戦国時代にも、
千利休や狩野永徳など、偉大な芸術家が輩出された。
偉大な芸術家は、なぜ誰もが思いつかない斬新な作品を残せたのか。

偉大な芸術家たちは、「斬新なものを作りたい」と思いながら、
日々学んでいたのだろうか。
おそらくその偉大な芸術家にとっては自己表現の結果にすぎない。
決して「創造性」が目的ではなかったはずだ。
しかし現代においても、
私たちは結果にすぎないものを、目的にしようとする。
創造性。現代では、イノベーションという言葉にも

同じ過ちが起こっている。
多くの会社や多くの本が「イノベーション」を促す。
先ほどの芸術家たちが、現代にあふれるこの言葉を打ち砕いてくれる。

優れたイノベーションを起こしてきた企業や人は、
同様に起こすことを目的にしてきただろうか。
「こんな商品・サービスがあれば喜ぶ人がいるのではないか」という
思いが社員を、経営者を、夢中にさせた末の、結果にすぎないはずだ。
それならばどうすればイノベーションを起こせるかではなく、
仕事に夢中になっているか、を重視すべきである。

「どうすれば組織は仕事に夢中になるか」
「この商品で喜ばせたい」という純粋で強い思いが経営者にあり、
それを真剣に社員に語りかけたときだけ、組織は仕事に夢中になる。

第四章

「責任」

後見人としての道

ついに女性で地頭職を務めることになった直虎、
その最大の目的は、
幼い虎松をなんとか武将として育て上げ、
井伊家再興の道筋をつけることにあった。
ちいさな命を守るために、女は虎になる。
今川という巨大な力に屈することなく、
確実な明日を見つけるため、
自らは捨て石となる決意をする。

女の身で城主になる。
この異常事態を、今川が黙認したのはなぜだろうか。
実際のところ、これに干渉できないほど、
今川家自体がひっ迫していた、ともとれるし、
井伊領が三河との抗争における要衝であったからかもしれない。

桶狭間での義元の死で一気に今川は勢いを失い、
三河の松平（徳川）はにわかに勢いを得る。
今川からの離脱派と、守旧派の間で、遠州は争乱状態となった。

城主直虎が誕生したのは、そうした争乱のさなかだった。
この時点で、井伊家はまだ今川の家臣である。
しかし、心の中では、今川との決別というシナリオを、
ひそかに思い描いていたのかもしれない。
亡くなった直親は、すでに家康との連携を模索していたらしい。
それは結局、正しい選択だったかもしれない。
領内に「徳政令」を実施するよう、との今川の命令を、

就任早々の直虎が無視するという出来事があった。
今川からたびたび戦に駆り出され、
ふだん農業をしている下級武士たちは、
借金がかさんで苦しくなるばかりだった。
質入れした土地などを、無償で持ち主に返す
というのが、徳政令の趣旨である。
下級武士たちの離反をなんとか食い止めたい、今川はそう願った。
ところが、井伊家自体もかさむ軍事費の借金に苦しんでいた。
当然、徳政令を望まぬ金貸し商人たちは、直虎に圧力をかける。
武士たちと商人との板ばさみになりながら、
直虎は粘り強い交渉を続けていく。
その結果、二年間も徳政令の施行を引き延ばしてしまったのである。

主家の命令は絶対である。それを直虎は二年間も取り合わなかった。
見ようによっては重大な反抗である。
そう取られても、領内の紛争に、
直虎が強権を発動することはなかった。

粘り強い話し合いで、なんとか軟着陸の道を探す。
腕力に頼らない、女ならではの、しなやかな戦である。

井伊家を継ぐ男子は、
かつてのいいなずけの遺児、虎松ただ一人。
自分の腹を痛めたわけではないが、この上なく大切な命だ。
ただ、この子を無事成長させることが、
「後見人」たる自分の、たった一つの仕事である。

守るべき他者を見つけたとき、女は強くなる。
家臣団や領民の命もまた、自分の手中にある。
その使命感が、自分をさらに強くする。
はたから見れば、井伊家は息たえだえである。
幼い跡取り、後見人は戦も知らぬただの女だ。
東から今川の圧力、西から徳川が迫る。
当然、家臣の不満もつのる。
「女に務まるものか」

そんな陰口を耳にしたとしても
「女にしかできないこともある」
そう直虎は、自分に言い聞かせたのではないだろうか。
幼い子を守り
多くの身内の命を守る。
そういう重い責任を、自ら進んで背負う。
その覚悟をしっかり胸に収めた者に、
もはや男も女もない。
「責任を負って立つ」
その決断は、非常時だけのものではない。
私たちの日常にも、常について回るものだ。
しなやかで折れない戦い。
女性だからこその戦略や計画、
女性らしい決断と解決、
それは、現代の私たちにも、
さまざまな示唆を与えてくれる。

第四章「責任」

16

自分だけは美しく

社会も企業も、家族や仲間といるときも、集団だ。
井伊家も多くの家臣たちを抱えていた。
戦においても家臣一人一人の行動が
勝敗を大きく左右することがある。

遠いむかしに、こんな逸話がある。
村のみんなで、一樽の酒を、お世話になった人に贈ることになった。
村人は一人につき一杯の酒を樽に入れ、いっぱいになった樽を贈る。
樽を受け取り、家に着いたその人は、うれしそうに酒を注ぐ。
しかし、その瞬間、驚き呆然とした。
なぜか、樽の中身は水に変わっていたのである。

「私の注ぐ一杯くらい、水でも大丈夫だろう」
村人は皆、無責任な考えで一杯の水を入れていたのだ。

集団であるほど、心に隙を作り、無責任行動を起こさせる。
たしかに、たった一人が手を抜いても成立するものや、
一人の手抜きが判明しないものは多いのだろう。
大きな樽の中の一杯ならば、酒の味も判明しない。

私一人が手を抜いても大丈夫…と考えるか、
私だけは真剣に取り組もう…と考えるか。
どちらの生き方を選ぶかは自由だが、
しかし、手を抜くという無責任行動を選ぶなら、
その一員であることは本来許されない。
ましてや組織や集団の上に立ってはならない。

17

心で伝える

相手に意志を確実に伝え、理解してもらいたいとき。
伝えるのは、言葉ではなく、心だ。
それならば、自らが訓練し、洗練するべきものも、
言葉ではなく、心なのだろう。
薄い表面だけを整え、体裁よく組み立てた言葉ならば、
きっとそれは、届かない。
表面の雰囲気だけは記憶に残るが、
果たして中身は何のことだったか、すぐに忘れ去られることだろう。

しかし、意志のある考え、
研ぎ澄まされた思いがしっかりと込められた重みのあるものならば、

きっとそれは、相手の心に届くだろう。
伝えるものを言葉と考えた瞬間、それは届かない。

つまり、届け先は、耳ではなく、心だ。
直虎は城主という立場にはあるものの、
女性であるがゆえに、家臣の信頼を得るまでには相当な
心を通わせるための時間を要したはずだ。

話し合いではなく、
心と心の通い合いとして考える。
そこに最も重要なことは、誠意を示すこと。
また、その届け先である相手の心は、容積が決まっている。
多すぎると溢れ出てしまい、少なすぎると存在を忘れられる。
相手を思い、適量を想像しなければならない。

18

正論と正答

「城主を女が務める」
このことに反対する家臣は多かったであろう。
当時としては当然のことだ。
しかし、正論と正論をぶつけ合っても、何ひとつ解決はしない。
城主直虎は、正論ではなく本質、
つまり自らの行動で家臣たちの理解を得ていったのではないだろうか。

雪を見たこともない南国の人が旅に出た。

旅の途中、上空から白いものが降り始める。

「この白いものは何ですか?」

聞いた相手は物知りで有名な若者だった。

若者は丁寧に正論を返す。

「これは、大気中の水蒸気から生成された氷の結晶が落下しているものだ」

旅人は、これが何なのか、まだよく分からない。


あらためて別の人に尋ねた。

「この白いものは何ですか？」

聞いた相手は子どもだった。

「寒いから、雨が凍ったものだよ」

この一言は、すぐさま雪の本質を旅人に理解させた。


「何も知らない人に何かを伝える」

これは、とても難しい。

正論ではあっても、伝わらなければ正答ではない。

19 誰かのために背負うもの

他者が自分の影響下にあるとき
すべての責任を背負う決意が必要になる。

直虎も城主として、
井伊家に関わるすべての人たちの運命を預かることになった。
しかし、このことは職位や立場を問うものではない。
上の者も、下の者も同じである。

複数人数で何かに挑むときは、
自分一人のときよりも、多くの問題が勃発する。
しかし、それを含め、自分のこととして捉えたとき、
責任問題のすべては収まる。

組織の欠点や問題のすべては自らの責任だと、
背負う覚悟を持つことによって、
組織の中と、自らの中に革新をもたらす。

組織の中にもたらす革新とは、
団結力、そして求心力。
この二つの力は、組織を最大の力で稼働させ、仕事を円滑にする。

自らの中にもたらす革新とは、
全てのことに対して精いっぱいに考え、結論を導こうとするようになり、
必ずやり遂げようという覚悟の姿勢に切り替わる。

この覚悟を宿したとき、
それは、「牽引者」「引率者」から「監督者」に変わる瞬間だ。
監督者になったとき、いよいよ組織としての挑戦は始まる。

20

謙虚な姿が心を開く

生きていくうえで、プライドを持つことは必要であり、
プライドは、自らを成長させる原動力となる。
また、周囲に意志を示し、立ち居ふるまいの潔さ、
言葉の重さ、考えの深さを作りあげる。

ただし、このプライド、使い方によっては、マイナスに働く。

プライドを誇示しすぎると、反感を招く。

反感を招き、周囲に賛同する人がいなくなる。

「人に何かを尋ねるとき」

「確実にやり遂げるべき何かがあるとき」

ここに自らのプライドを優先してしまうと、邪魔になるだけである。

尋ねたことの回答も得られず、
やり遂げるべきことも達成できずに終わる。

このような損失を招かないよう、
プライドを持ちながらも、いつも謙虚に、
低姿勢でなければならない。

直虎も武将としての未熟さをよく理解し、
周囲に耳を傾けることを忘れなかったのではないだろうか。
その謙虚さは、やがて周囲の心を開く。

いかなる能力よりも、
人間性が最優先されることを知っていなければ、
プライドなど、いとも簡単に打ち砕かれる。

第五章

「手腕」

混乱を乗り切る

今川と徳川の激流がぶつかり合うところ、
その潮目に直虎配下の井伊谷城はあった。
かじ取りがむずかしい。
一つ間違えば、
一瞬にして一族郎党が水底に飲み込まれてしまう。
どっちに針路を定めるのか。
直虎号の航海は、
まだ始まったばかりだ。

問題の徳政令は二年の遅延ののち発令された。
しかし直虎はこの不始末をとがめられて、
今川に井伊谷城を召し上げられてしまう。
永禄十一年（一五六八）十一月、直虎が入城して三年目のことだった。
代わって城主となったのは家老の小野但馬守である。
ところが、今川家の落日はもう、目の前に迫っていた。

直虎が城を追われた翌十二月、
かつて今川と同盟関係にあった甲州の武田信玄が駿河に攻め入り、
今川氏真はからくも掛川城へ逃げ延びた。
甲州信玄、三河家康が示し合わせて起こした挟撃作戦である。
氏真が掛川へ落ちた同じ師走の十二日、
家康はすでに三河と遠江の国境を突破していた。
そして遠江の今川勢をほぼ制圧しながら東進し、
師走のうちに掛川城を包囲した。
城は簡単には落ちず、ろう城を半年ほど続いた。
永禄十二年（一五六九）五月、

氏真はついに家康に城を明け渡した。
こうして、戦国大名今川氏は滅亡した。
井伊家に数々の不幸をもたらしてきた、巨象が倒れたのである。

この間、井伊谷城はどうだったのか。
直虎を追い出して城主となった小野但馬守は、
信玄の駿河進攻を聞き、
「虎松を殺し、自ら井伊の兵を率いて駿河に出陣する」
と宣言していた。
しかし、これは実現することはなかった。
虎松はいち早く、南渓和尚の手で
三河の鳳来寺（現、愛知県新城市門谷）へ逃がされていた。
家康の攻めも電光石火だった。
小野が駿河に出兵するチャンスはなかったのである。

遠江を攻めるに当たって家康は、抵抗が予想される本坂を避け陣座峠越えのルートをとった。
その最初の関門が井伊谷城であった。
そのために家康は、あらかじめ井伊谷三人衆を味方につけていた。
近藤康用、鈴木重時、菅沼忠久である。
みな今川の家臣なのだが、すっかり主家を見限っていた。
三人の中に直虎の名はない。
城を追われ、家臣たちは小野に掌握されているわけだから無理もない。
三人の先導で遠州入りした家康は、
やすやすと井伊谷城を奪った。
この戦を皮切りに、家康は一気に掛川へと殺到するのである。

家康の手で、小野但馬守は処刑された。
井伊家の積年の恨みが晴らされた。

生まれ持った天性か、女性ならではの感性か。
政治手腕を発揮し、城主という重責を遂行する直虎。
武力ではない方法で井伊家を守り抜いた。

何かを起こそうとするとき、自らの力を信じるしかない。
それを信じられないならば、その何かは起こらない。

つまり、できると考えたときから、
できる方向へと事が運ばれる。
また、自分にはできないのではないか、
と弱気な心がよぎったとき、
あらゆることは、
できない方向に進むのである。

このことは、強いものが勝つのではなく、
自分を信じるものが勝つことを教えている。

言い方を変えれば、自らを信じることは、
自らの能力や技術を上回る力を発揮するということだ。
自分ならではのやり方で信じ、突き進めば、いつか報われる。

第五章「手腕」

21

実力を発揮する

本番はなぜか練習通りにはいかないものだ。
ルールどおりのことも、アドリブの必要な難しいことも、
練習では完璧にこなせる。
しかし、いざ本番が始まるとき、
なぜか思うように能力を発揮できない。

つまり、それをやり遂げる能力は既に持っているのに、
緊張やプレッシャー、恐怖によって、
いつもどおりの行動ができないのだ。
しっかりと能力を発揮するための一つの方法、
余計なプレッシャーや緊張感のない場所に自分を置くことである。

「どういう人といるときに、落ち着いて行動できるか」

「どういう人といるときに、うまくいかないか」

「追われている方が力を出せるか」

「たっぷりと時間の余裕があるときの方が、話がうまく進むか」

これは人それぞれに異なる。

直虎が、持てる能力を発揮できたのは、
相談者の南渓瑞聞や
信頼できる家臣とともにいる時だったのではないだろうか。

あらゆる点において、自分がうまく活躍できる状況を知る。
そして、その位置に身を置くようにすれば、
いつも余計な緊張やプレッシャー、恐怖のない、
最高のポテンシャルを発揮できる環境になる。

22

一発本番の心構え

水墨画の難しさは
油絵と違って塗り重ねがきかないことだ。
書道もまた、書き直しがきかない。
紙が一枚しかなければ、しっかりと覚悟が要る。
一発本番の勝負は、覚悟の深さで決まる。
失敗の許されない戦国時代の戦や選択の数々。
直虎も常に強い覚悟で臨んだことだろう。

筆を入れる前にやるべきこと、やれることを知り、
しっかりと事前に手を打つ。
それができている書は、人の心を打つ。

人生に置き換えると、どうなるだろう。

いつも
「紙は一枚しかない」

「取り返しがつかない」

という気持ちで取り組む。

日々、その覚悟の姿勢を磨いておくことがいいだろう。

実際の人生には、半紙は何枚でもある。
しかし、最初からやり直しができると考えてしまうと、
何の覚悟も宿さない、練習のような本番が続くだけである。
何度失敗しても大丈夫という気持ちの中で、
たまたま出来の良い、ベターな一枚を選ぶのだろう。
そうならずに、心構えだけは、いつも本番と考えておくこと。
一枚目を失敗したときに限り、自らにやり直しを認めるのだ。

23

ルールは変化する

直虎が今川氏に徳政令を押しつけられたとき
そのまま受け入れるのではなく、
本当に必要かどうか、その意味や実態を踏まえたに違いない。

もしも、単に人の動きや創造を縛り、
不都合を生むだけのものならば、そのルールは必要がない。
既存のルールを重視し、一方的に押し付ける人は、
ルールを越えた意見を持っていない、
自分の案を考えられない無能なリーダーである。

そのような組織から、新しい発想など何一つ生まれることはない。

「規律やベクトルを統一するが、無駄な拘束のないルール」
これが、存在すべき素晴らしいルールである。
納得のないまま縛られている状態など、
組織や人にとっては、何の効果ももたらさない。

また、一度定めたルールも、
常に進化、変化させる必要がある。
人の心・社会・組織、
それらは常に進化、変化している。

その進化、変化するスピードは速く、
すぐにルールだけが時代から取り残されるだろう。
取り残されたルールは、
これもまた、人を縛るだけの無用なものになる。

24
管理者は人間性がすべて

ガラスに付いた雨滴が、
下へ下へ移動し、落ちていこうとしている。
人間も複数になると、
意識の低いほう、楽なほうへ降りていこうとする。

誰だって楽をして過ごせればいい。
特に、複数人数のとき、組織はおおむね楽な方へと向かい始める。
牽引する人物、つまり管理者は、
その下へ行こうとする流れを止める役割を果たす。

自らが羅針盤となり、方向を示す。

方向とは、意志、ミッションだ。
それらは決して低いところにはなく、高く険しい場所にある。

そのとき、ただ淡々と説明して、「ついてこい」「行け」と言っても、
誰も聞く耳を持たないだろう。

尊敬され、慕われていることが、
上流へと組織をいざなう管理者の条件である。

女性である直虎が城主となったとき、
家臣たちの反発もあったに違いない。
しかし、的確な判断・冷静な決断力が
少しずつ家臣たちの信頼を勝ち取り、
組織をいざなうことができたのだろう。

25

少数精鋭の間違い

桶狭間の戦いで、
二万五千の大軍を率いた今川軍を、
わずか三千の織田軍が討ち破った。

少数精鋭とよく言う。
その言葉に、誤解はないだろうか。

少数の精鋭された人間を集めたものではない。
ここを誤ると、組織は崩壊する。
スペシャリストだけを集めても、
コストがかかりすぎる。

プライドや経験がぶつかり合い、
一つの方向へ進みにくい。

少数精鋭の意味を、
「少数の組織は、おのずと精鋭化する」ととらえるべきだ。

まずは、やろうとしているミッションが重要である。
そのミッションの必要人数を算出し、
少しだけ足りない人数で取り組んでみる。

すると、一人一人は、
人数的な不足を、それぞれの能力で補おうとする。
一人一人が能力を発揮し、補い、磨かれる。
つまり精鋭化するわけである。

第六章

「判断」

生き残りへの賭け

いったん家康の手に落ちた井伊谷城は
今度は北から押し寄せた武田に奪われた。
しかし、信玄の急死によって、
事態はまたも一変する。
逃亡していた虎松が帰ってきた。
一族存亡のとき、直虎の手腕は。

小野但馬守から奪い取った井伊谷城はそのまま家康の手に渡った。
しかし、平穏は長続きしない。
今度は強大な武田軍に奪われるのである。
元亀三年（一五七二）、将軍・足利義昭が信長討伐を呼びかけた。
それに応じた信玄は甲府を発ち、大軍を率いて京都をめざした。
その途次、信長と同盟関係にあった家康を攻め、
三河・遠江を奪おうとしたのである。
侵入した武田軍によって、
井伊領は踏みにじられ、龍潭寺も燃え落ちてしまった。
井伊谷城には武田家臣の山県昌景が入った。
続く、三方ヶ原の戦いで家康は大敗、命からがら浜松城に逃げ帰った。
しかし翌年、戦のさなか、信玄はにわかに体調を崩した。
いったん甲府へ引き返すことにしたものの、信玄はその途上で急死する。

巨木が倒れ、勢力図は一変した。
井伊谷城はすぐに家康の手に戻った。
信玄が死んだことで、天正二年（一五七四）、

鳳来寺に隠れていた虎松が帰ってきた。
後見人としての直虎は、ここで大きい仕事をする。
虎松の一生、井伊家の将来を決定づける仕事であった。

直虎は、もはや井伊谷という
狭い世界を見ていなかったのかもしれない。
出家を捨てた日に、心に誓ったように
ひたすら、虎松の幸せを願い、
広い視野でその行く末を見つめた。
南渓和尚ともじっくり話し合い
「虎松の未来を家康に預けよう」そう決断した。
虎松の実の母は、夫直親亡きあと、浜松の松下源太郎と再婚していた。
虎松はその松下家に引き取られていた。
その虎松少年が、願いどおりに、家康の目に止まる。
その経緯を、家康側の記録『徳川実記』はこう伝える。
「天正三年（一五七五）二月、家康は鷹狩りの途中で、
気品ある面ざしの少年を目にした。問いただしてみると、

先年殺された今川の旗本、井伊直親の子であるという。
家康はただちに少年を召して、手厚く養い育てた」

この年、虎松はちょうど十五歳になったところであった。

一方、『井伊家伝記』のほうは、同じ鷹狩りの日に先立って
「家康のもとへ出勤する虎松のために、
次郎法師と母・祐椿尼の二人は、松下家へおもむいて、
新調の小袖二着を贈った」と記している。

身辺警護の厳しい家康が、
たまたま少年に出会った、というのは考えにくい。
やはり、井伊家の記録が示唆しているように、
直虎がその政治手腕、人脈を駆使して
根回しをしていたのではなかろうか。

家康にしてみれば、

虎松少年の父直親が惨殺された件では、自分にも負い目がある。
さらに正室築山御前の母親が、今川出身とされているものの、
かつて井伊直平の娘が今川義元の義妹となったこと、
そういう事情から、少年に目を掛けるいわれがある。
召し抱えた虎松に、家康は松下でなく井伊を名乗らせ、
虎松から万千代と名を改めた。
虎松が出世の道をつかんだばかりか、
井伊の名までがよみがえることになって、
直虎は涙を流したのではないだろうか。
やがて万千代は元服して井伊直政となり、
井伊家二十四代を継ぐ。
後見人直虎ゆずりの、政治手腕と胆力で、
直政は出世階段を駆け上り、やがて徳川四天王と称されることになる。
直虎は一族の生死を分ける急カーブを
みごとに乗り切ったのである。

私たちの生きる現代社会は、大小さまざまな判断の連続である。

人は、後悔しないために判断を重要視し、判断を怖がる。
しかし、今日まで無事に生きているのだから
なされた選択はすべて「正しかった」のである。
多くの選択肢から一つを選ぶとき、
考えるべきこと、見つめるべきものは何か。

26

怒りはどこから来たか

直虎は、身近な人々の不条理な死に、
こらえきれない悲しみや憤りを感じたことだろう。
現代人も、戦国の武士たちも、
怒りや不満で頭が整理されないときが誰にでもある。

その怒りや不満は、どこからきたのか。
激情に流されず、正確に向き合ってみる。

例えば、何か気に障ることを言われたとする。
自分は、それを言われると、なぜ嫌なのか。
正確に自分の中を掘り下げ、解析してみる。

そこを掘り下げなければ、
おそらく抜本的な解決はできない。
解決しないまま、
いつも怒りと不満が募ってしまうだけである。
幼いころのトラウマがあり、嫌に感じるのか。
他人と比べ、コンプレックスがあるのか。
本当は寂しいが、寂しくないふりをしているのか、
周囲には話していないことを指摘されたのか。

次回、怒りや不満につながることが起きたとき、
まずは、その怒りの解析を始めてみる。
解析の時間に怒りが少し静まれば、
それもまた、一つの解決策である。
心を整理し、落ち着かせ、判断はそれからだ。

27

発想のしばりを外す

「やってもいいこと」を教えられた子供は、
教えられた範囲が狭いので
それしかできなくなってしまう。
「やってはいけないこと」を教えられた子供は、
そのこと以外は、やってもいいと考えて
発想を広げ、楽しいことに挑戦する。

私たち大人も、功事例ばかりを参考にしていないだろうか。
経済学、経営学、実践的なビジネスを学ぶときも、
良い例、つまりモデルケースから学ぼうとする。
すると「やっていいこと」を教えられた子供と同じことが起きる。

モデルをまねすることばかりに気をとられて
それ以外のやり方を考えないから、
斬新な領域に進めなくなる。

直虎の発想は、斬新だっただろう。
何しろ、他国の城主は全員が男武将である。
男性と同じように考えているだけならば、井伊家は生き残れない。
戦国時代の男のおきてにしばられない発想
女性ならではのアイデアを打ち出し、
新しい武士の道を切り拓いてきたのだ。

私たちも、やるべきことにこだわらず、
やってはならないことを踏まえて、
制限されない想像力でものごとを考えたい。

28 自分の中の神

人は神に祈り、手を合わせる。
願いの大小は人それぞれだが、
少なからず、未来を神に託す。

直虎も一度出家の道を選んだ。
自らの行く末を不透明な仏門に託したのである。
その経験は、城主となってからの精神力に影響を与えたはずだ。

誰もが、時には落ち込み、弱気になることがあるだろう。
そのとき、天に祈り、神にすがりたい気持ちは、投げやりではなく、
何とかして切り抜けようとする前向きな姿勢だ。

しかし、実際のところ、天は、神は、その姿を見せてはくれず、
存在さえ不確実だ。
願った言葉を聞いてくれているのかさえ分からない。
当然、返事はない。

それでも人は、落ち込み、弱気になったとき、
大切なものでさえ、神という不透明な存在に託すときがある。
ふと、われに返ってみると、一つの事実が脳裏をかすめる。
今までの人生も危機はあり、何とかして切り抜けてきた。
つまり、願いをかなえるのも、危機を切り抜けるのも、
いつも自らの行動であったという事実である。

それならば、こう考えてみてはどうだろうか。
「祈るべき神は、自分の中にいる」と。

29 一人の限界を知る

一人だけで頑張れる領域は狭い。
自らの考えを出し惜しみすることなく、
自ら協力を求めていけば、領域はぐんと広がる。

直虎もたった一人で窮地を切り抜けたのではない。
彼女を支えた周囲の人たちとともに井伊家を守り続けた。

一つの課題。
例えば、客をもてなす方法を考えているとしよう。
今までの社会経験や、知識、もてなされたときの体験から、
いくつかのいい案を考えついた。

自分一人で考えたアイデアだ。

これと同じ内容を、三人で考えてみるとどうなるだろう。
たちまち、三人三様の、面白い考えがいくつも沸いてくる。
そこには、自分一人では浮かびもしなかった、到達しなかった案もある。
それも当然だ。
それぞれが別の社会経験、知識、体験を持っている。
こうして協力は、
瞬時にして、一人のときのポテンシャルを越える。

自らの能力の最大化という好機は、
協力によってのみ実現する。
また、自らの能力の最小化という病は、
アイデアの出し惜しみから発症する。

30

誰かのために生きる

「楽をして生きていきたい」

そんな思いに駆られることがある。

なぜ精いっぱい生きなければならないのかと。

という、問いに対する答えを導く。


波乱に満ちた直虎の人生は、日々精いっぱいだっただろう。

それでも折れずに、最後までやり遂げ、生き切った。

直虎の戦国時代とは違い、
現代は無理して精いっぱい生きなくても、何とかなる世の中だ。
しかしその反面、充実した毎日を送る人や、功績を残している人のことを学び、ならいたいと思う。

生まれたばかりの子も、
仕事をリタイアして、老後の自由な時間を楽しむ人も、
その充実と功績の人になる可能性を持っている。
年齢や立場、環境を問わず、全員が平等に持っている。
種植えのタイミング、水や肥料など、一定の苦労がなければ、
花は咲かない。
それならば、可能性を伸ばし、花開かせるためには何が必要か。
その一つが、精いっぱい生きることなのだろう。
自らの可能性を信じて、常に自分を磨き、手入れをする。
その努力は、やがて花開き、充実や功績という実になる。
今を精いっぱい生きることを、誰よりも願い、喜び、感謝する人。
その人とは、未来の自分である。

第七章

「未来」

時代の先を見つめて

直親の忘れ形見、虎松に
ようやくひとり立ちの日が来た。
虎松と一族をなんとか軌道に乗せ、
大仕事を終えた直虎に
思い残すことはない。
再び頭をまるめ、
僧院で、来し方を静かに振り返る。

虎松が家康に召し抱えられたのを見届け、
直虎はすぐに虎松に家督を譲った。
重荷をようやく下した直虎は
再び出家の身となる。
法名は「祐圓尼」
戻って来た禅寺の静かな日々に
どんな思いが去来したことだろう。

天正十年（一五八二）八月、直虎は波乱の生涯を閉じる。
その三カ月後、元服した直政の晴れ姿を見ることもなかった。
法名は妙雲院月泉祐圓大姉

直虎の死の三カ月ほど前、京都では織田信長が没している。
生まれ年も直虎とほぼ同じ、
つまり、信長と直虎は
まったく同じ時代の空気の中を生きた武将である。
「人間五十年、下天のうちをくらぶれば、夢幻のごとくなり」

信長が好んで舞い唄った一節である。
――人の一生など、天界から見れば、ほんの一瞬のことだ

信長は、天下を取るという野望に思いを残して死に、
直虎は、心に期した仕事を終え、成就感とともに旅立った。
信長は、おのれの夢のために死に
直虎は、夢を後世に託して死んだ。

新しい時代が迫っていた。
のちに私たちがいう「中世」の戦乱は幕を閉じようとしていた。
直虎が、親鳥のように守りきった虎松は
「近世」という別の時空へ、はばたこうとしていた。

その、時代と時代の橋渡しを、
直虎は、たおやかにやりきった。

いま、龍潭寺の庭に、井伊家歴代当主たちは眠る。

十三基の塔がコの字型に並んでいる。
直虎の墓は向かって左側、
母・祐椿尼、いいなずけ直親とに囲まれて建つ。
その塔は、直虎の波乱の人生を物語るように、損傷が激しい。
どの塔よりも日陰になる時間が多く、
刻まれた文字は判読できないほど、腐食が進み、剥落している。
これらの墓は、江戸時代に建てられた供養塔で、
直虎の本当の墓は、町内の自耕庵（現・妙雲寺）にあるとされている。

直虎は「つなぎ」の領主であった。
二十三代の直親と二十四代直政をつなぎ、
井伊谷・井伊と彦根・井伊とをつないだ。
脇役に過ぎなかった自分の場所を、
直虎は気にもとめなかったろう。
その、影の領主が
長い井伊家の歩みの中で、最も大きい仕事を成し遂げた。

井伊谷・龍潭寺。
葉影にやわらげられた日差しの中、
供養塔は静かにたたずんでいる。

人それぞれ、かけがえのない大切なものを持っている。
しかし、未来というものを思うとき、
これ以上に大切なものは、
誰にとっても存在しないだろう。

私たちは、未来を良いものにするために、生きている。
そのためならば、
いかなる苦労も、努力も、惜しむことはない。
そんな未来という大切なものをつくる、唯一の要素。
それは、今という時間、今日という日だ。
一刻、一刻を大切に流すことなく、
確実、着実に積み重ねていくことで、
未来をより美しく、彩ることができる。

第七章「未来」

31 持続する志

広い砂浜で、小さな落とし物をした。

一歩ずつ探しても、砂浜はまだまだ続く。

そのとき、一つの迷いが心をよぎるだろう。

「いつまで探し、いつ諦めるか」

直虎の生涯。
出家の身に巻き起こった混乱。また、幾度も城を奪われたとき、
諦めたいと思うときは何度もあったであろう。

「夢や目標の実現は、いつになるか分からない」

実現は、あと数分後に訪れるかもしれない。

膨大な時間をかけて、最後の最後で、ようやく訪れるかもしれない。
また、最後まで実現できないことだってあり得る。

このとき、もし、実現の可能性が一〇〇%ならば、
最後まで諦めない力を持続できるだろう。
人は実現の可能性が低いほど、諦めの方向に寄りはじめる。

砂浜の広さと迫り来る時間制限は、
かなわない可能性を広げていく様子を表している。
時間が迫りくる中、夢や目標を必死で探そうとする私たちに対して、
かなう可能性を高める方法は一つしかない。
それは、とても単純なこと。
途中で諦めないことのみである。
諦めずに効率よく、急いで探すことだけが、可能性を高める術だ。

32 紙一重のこちら側

直虎の生きた戦国の世で、紙一重は、
常につきまとう。
紙一重で死に、紙一重で生き延びる。
大小を問わず、人生には、紙一重の瞬間がある。

紙一重で、一線を越える人、越えない人。
ぎりぎり間に合った人と、遅刻をした人。
あやうくルール内に踏みとどまった人、外した人。
ほぼ隣り合わせにいるその二人は、
紙一重のところで、両極端に違う未来が与えられる。

紙一重とは、
とても近い存在だが、
完全に分断された別世界の、全く違う二人だ。

それでは、いつの時にも悪い側に行かないようにするには、
どうすればいいのだろうか。

これは、ひとことで言えば、準備になるだろう。
少しでも多くを学び、間違えないようにする。
できるだけ早く整え、常に整理し、間に合うようにする。

何を行うときにも準備万端でそれを迎えることで、
小さな過ちは減り、
紙一重で失敗するような悔しい思いは少なくなるだろう。

33 知ってもらう努力

二人の人間がいたとする。
二人は同じくらいの、高い能力を持っている。
一人は、その能力をアピールし、
周りからもそれを認知してもらっている。
つまり、周囲も認める能力の高い人だ。
もう一人は、高い能力はあるものの、
それを周囲にアピールできずにいる。
周囲は彼の能力の高さを知らない。

いくら素晴らしい能力を持っていても、

認識されなければ、そうではない人である。

女城主である直虎も、周囲から理解され、
その力を認知させるには時間が掛かり、
多くの努力を必要としただろう。
また、時には男を装い、
他国へ強さを見せつける戦略も取っただろう。

優しさも、認められなければ、優しくない。
強さも、認められなければ、強くない。
つまり、能力を持っているだけ、磨くだけではなく、
それを周囲にアピールし、認知させる力が必要となるのだ。
この力は、多くの人と接する社会を、
しなやかに生き抜いていくための条件である。

34

誰かが見ている

大切な人を思い出してみる。

その人は、あなたが何をすれば、一番喜んでくれるだろうか。

「あなたがすばらしい人になり、すばらしい人生を歩むこと」

これは、「誇り」という言葉に言い換えられる。

誇れる人になる。
文字にすれば単調なものであるが、
これは簡単なことではない。
また、簡単なことではないが、やらなければならないことである。

あなたの生き方は、見られている。

その大切な人も、ほかの人も、
あなたのことを見ている。

直虎は最期まで井伊直政の行く末を心配し、
また彼の成長を誇らしく思っていたに違いない。
井伊直政もまた、直虎をはじめとする井伊家の人々に
誇りに思われるよう行動をし、徳川家康の四天王にまで上り詰める。

もしも、見られていないだろうと考え、
見られたくない行動をしているならば、
それは明らかな思い違いである。
その行動も、確実に見られている。
そして表情からも、態度からも
にじみ出ているのである。

35

未来の種

一年一年、土に種を植えてきたとする。
その種は芽吹き、葉をつけ、やがて大きな幹となる。

過去を振り返ってみると、
後ろには、いくつかの、大小の木が立つ。
この森を、経験値という。
一本一本の「経験の木」が生い茂る。

この森を大切に囲い、他人に自慢するのは構わないが、
まだ人生は終わっていない。
自慢など、いつでもできるだろう。

そして、自慢などしなくても、
あなたが死んだ後に、残された人がしっかりと森を評価する。

そんなことよりも、
この先にどれだけ大きな木を育てることができるだろう。
どれだけ大きな森になるだろう。
今はまだ、それを考えていた方がワクワクするではないか。

この経験値という森。
自分の歩く後ろ側にどれだけ広大に生い茂ろうと、
木が高く育まれようと、一つの小さな存在にはかなわない。
それは「一粒の種」だ。この種の名は、「未来」。
直虎の植えた未来という種は、
井伊家を守り、大きな森となって今に続く。

戦国の女地頭・井伊直虎の生涯

本書の主人公となる井伊直虎は**井伊家の第二二代当主・直盛**（注1）の娘として戦国期の遠江国引佐郡井伊谷（浜松市北区引佐町井伊谷）に生まれた。その時代、井伊一族は東海の雄と言われた戦国大名・今川義元に従っていたが、同家没落後は徳川家に属した。徳川四天王の一人と称される井伊直政は井伊家第二四代当主であり、後見役となって直政を養育したのが次郎法師こと井伊直虎である。女性の身でありながら存亡の危機に瀕した井伊家の家督を預かり、一族郎党を守りながら戦国乱世を生き抜いた人物だった。

井伊一族は倭名類聚鈔に収載される渭伊郷（中世以後、井伊荘）に起きた氏といわれ（『姓氏家系大辞典』）、本姓は藤原氏（北家）、良門

注1 **井伊直盛**…『井伊年譜』『井伊家伝記』などでは一五代とされる

流と伝えられる。徳川幕府編纂の『寛政重修諸家譜』「井伊系図」では良門の男・利世から系譜が起こされているが、井伊を名乗ったのは利世の六代孫・共保からであり、その生誕にまつわる奇譚が今に伝わっている。

〈一条院の御宇、藤原共資が綸命により遠江国敷智郡村櫛に下向し、有徳の志をもって善政を敷いていた。あるとき、嗣子のないことを嘆いて井伊保八幡神社に祈念すると、その御手洗井戸に嬰児が出現した。共資の養子となった化現の男児は長じて共保と称し、共資の娘婿となって家督を継いだ。壮年の共保は勇武絶倫にして器量に優れ、井伊保城山に居城を築くや、郷人のことごとくが彼に従った。以来、共保は井伊を名乗り、井伊家元祖となった（『井伊家伝記』ほか）〉

直虎の父・直盛が井伊家当主となったのが天文十一（一五四二）年である。当時、井伊家は今川家によってしばしば合戦に駆り出されており、同年一月にも第二一代当主・直宗が**三河国田原城攻め**（注2）に

注2　**田原城攻め**…この年一月に今川が田原城攻めをした記録は見当たらず、八月に一回目の小豆坂の戦いがあり、義元は織田信秀に敗れている

参陣し、戦死している（『寛政重修諸家譜』）。ちょうど、水野家から松平家に嫁いだ於大が竹千代（後の徳川家康）を出産した年のことで、井伊家受難の時代は、このころから始まっていたとも言える。

このとき直宗の嫡男・直盛が家督を継いでいたものの男子がおらず、**叔父の直満**（注3）の子・亀之丞（後の直親）を娘の婿に迎える手はずとなっていた。この直盛の娘が後の次郎法師直虎であり、本来は次期当主の正室となるべき女性だったのである。

ところが天文十三（一五四四）年、かねて直満と確執のあった井伊家家老・小野和泉守の讒言により、直満と弟・直義が今川義元に処刑される事態が起きた。末弟の直元もすでに病没しており、井伊家の名跡を継げる男子は亀之丞のみとなったが、そこに駿府から戻った小野和泉守が「義元の命で亀之丞を処刑する」と言い渡したのである。

この危機を救ったのが故直満の家老、今村藤七郎正実だった。亀之丞を叺に隠して城を脱出し、翌年にはともに信濃国伊那郡市田郷（下

注3 **井伊直満**…第二一代当主・直宗の弟の一人。直宗は六人兄弟で、直満のほかに南渓（龍潭寺二世）、直義、直元という弟と一人の妹（一説に築山殿の母）がいた

伊那郡高森町）に落ち延びた。ただし、表向きには〝亀之丞病死、今村も自害〟とされていたらしい（『井伊家遠州渋川村古跡事』）。
（後の）直虎がどう聞かされていたのか不明だが、数年後には出家を決意した。その際、南渓は彼女の望む尼の名ではなく、〝次郎法師〟と意外な名をつけている。『井伊家伝記』によると〝備中次郎〟とは井伊家惣領の名であり、女ながらも惣領家の人として「次郎」（惣領の俗名）と「法師」（男の僧の呼び名）という僧俗兼ねた名を与えたという。

その後、亀之丞が井伊谷に戻ったのは小野和泉守が病死した翌年の弘治元（一五五五）年、井伊谷脱出から足かけ一二年目のことである。帰還すると井伊家当主・直盛の養子となって肥後守直親と名乗り、奥山因幡守の息女を娶った。

しかし、井伊家受難の歴史は当主・直盛の死を発端に繰り返されることになる。永禄三（一五六〇）年、今川義元は桶狭間で織田信長に討たれ、旗本先将として参陣していた直盛も落命した。家督を継ぐべき直親は未だ若年だったため、直盛の遺言に従って重臣・中野信濃守が後見役となり、地頭を務めた。その翌年に生まれた直親の嫡男が後の井伊直政である。幼名を虎松といい、当時の井伊家にとって唯一の跡継ぎだった。

義元の死後、遠州の国衆の間に動揺が広がり、今川から離れようとする者も出てきた。直親もいつしか徳川家康と接近し、領内を見せたり、三州岡崎を訪ねたりした。これを見ていた小野但馬守（小野和泉守の男か）は、永禄五（一五六二）年、今川氏真に直親の行動を注進。直親は内応の嫌疑で氏真に召し出され、駿府に赴く途上で殺害された。

このとき、かつての亀之丞と同様、虎松も命を狙われた。この危機を身命を賭して救ったのが**新野左馬助親矩**（注4）である。井伊家唯一の跡取りを自らの館に保護したものの、わずか二年後には新野左馬助も合戦に駆り出され、地頭・中野信濃守とともに戦死した。

注4 **新野親矩**…新野氏は遠江国新野庄（現、御前崎市）を本拠とした一族。戦国期、井伊家と縁戚

もはや井伊家中に壮年の男子はなく、南渓らは相談して次郎法師に地頭職を継がせることにした。こうして生まれた井伊の女地頭は武家の長らしく直虎と名乗り、後見役として虎松を養育するようになる。ただ、井伊領には新たな問題が起きつつあった。

このころ、今川家による相次ぐ兵の徴発により、農民出身の郷士たちは疲弊しきっていた。銭主（金貸し）からの借金でしのいではいたが、土地を差し押さえられると、これを無償で返却するよう、徳政令を願う訴訟を今川家に起こしたのである。

永禄九（一五六六）年、直虎は氏真より徳政令の発布を促された。が、軍事費のかさんだ井伊家の内情もまた厳しく、財政面で銭主に頼らざるを得ない状況だった。当然ながら損害を被る銭主は井伊家に圧力をかけて徳政令を拒み、発布を望む被官衆と対立した。直虎はそれら二派の間で板挟みになり、脆弱な財政状況と政治基盤に苦しみながら、井伊家の存亡をかけた困難な舵取りを強いられたのである。

関係にあり、親矩の妹が井伊直盛の正室となっている。現在、御前崎市新野の左馬武神社に親さまたけ矩の供養塔がたてられ、直政の恩人として祀られている

結局、賛否両派による駆け引きの末、永禄十一（一五六八）年十一月、直虎は今川家家老・関口氏経との連署で徳政令を発布した。ただ、一連の争議は井伊谷を巡る権力闘争に発展してしまい、最終的に今川家が井伊領を召し上げた。しかも同年、武田信玄の駿河侵攻が始まると、小野但馬守が「氏真の命により虎松を殺し、自ら井伊の兵を率いて駿河に出陣する」と宣言。虎松を三河国に逃がしたものの、井伊家は三度存亡の危機に陥った。

ところが同時期、信玄に呼応して徳川家康が遠州に侵入し、小野因幡守も含めて今川衆を一掃したのである。井伊谷は一転、徳川家に帰属したものの、元亀三（一五七二）年以後、武田勢の侵入で戦禍を被り、龍潭寺の堂宇も焼失する事態となった。

虎松の帰還は信玄の没後となる天正二（一五七四）年のことだ。直虎は南渓らと相談して虎松を徳川家康へ出仕させようと決め、浜松にある実母の再嫁先・松下家に移した。

初のお目見えは翌年二月。家康に召し抱えられた虎松は万千代の名と三〇〇石を賜り、家名〝井伊〟の再興と家督の相続も許された。その後、功を重ねた万千代は徳川四天王と称される武将・井伊直政に成長し、やがて彦根藩の元祖となるのである。

年表

天文4（1535）	直虎出生　※推定
天文11（1542）	井伊家二十一代当主井伊直宗が田原城攻めに参戦し、戦死。二十二代当主は井伊直盛
天文13（1544）	井伊直満（直親の父）駿河で今川義元に処刑される。直親（亀之丞）、信濃国伊那郡市田郷へ落ち延びる。 後に許嫁直盛娘が出家し、次郎法師と名乗る（井伊直虎）
弘治元（1555）	直親、井伊谷へ帰還
永禄3（1560）	井伊家二十二代井伊直盛が桶狭間で戦死。直親が二十三代当主に
永禄4（1561）	井伊直政（虎松）誕生

永禄5（1562）	井伊家二十三代直親（直政の父）家康との内通のかどで掛川で謀殺される
永禄8（1565）	次郎法師、直虎と改名して女城主となり直政の後見人となる
永禄11（1568）	井伊谷に徳政令施行。龍潭寺二世南渓和尚、直政を鳳来寺へ六年間預ける。徳川家康が遠江に侵攻し井伊領を占拠。引馬城を攻略
天正2（1574）	直政が松下家に養子に入る。直虎、虎松を家康に出仕させることを決める
天正3（1575）	虎松、家康に初めてお目見え。召し抱えられる
天正10（1582）	直虎、龍潭寺で没す。家康は武田の「赤備え」を直政に付属させる。後に元服し、井伊兵部少輔直政と名乗る

あとがき

井伊谷城の頂に立つと、井伊谷の町が一望できる。
山頂には「御所丸」と書かれた木碑がひっそりとたたずみ、
安定して根付く高い樹々と、
それに相対して、芽吹きはじめたばかりの小さな草葉が、
数分の登山を終えた訪問者を歓迎してくれる。

はるか遠い空に、「井」の形に似た雲を見つけるが、間もなくして、
ごくありふれた形に変わってしまった。
あたかも、井伊氏が活躍した時代は終わり、
誰もが平等に活躍する時代が来たことを詠うようである。

一九六三年。
NHKが記念すべき大河ドラマの一作目となる
「花の生涯」が放送された。

主役は、井伊家三十八代・井伊直弼である。

幕末の大老・井伊直弼は当時、一般的には強引に政治を推し進め、反対派を弾圧した悪役という印象が強かった。

しかし、この「花の生涯」では、タイトルからも読み取れるように、時代を切り拓く輝かしい偉人として、また、幕末から明治に至る混乱の時代に比例し、波乱に満ちた一人の等身大の人間として描写されている。

この姿は、世間の印象とは違うものであった。


歴史とは、また人とは、ある一面だけで見てはならない。

その裏側、その逆側にもさまざまなものが刻まれ、立体的、多面的に作られ、リアルタイムに動いている。

それを相対的に、平等に評価したとき、歴史や人物の「本当の姿」に近づくことができるのだろう。

ドラマで描かれる井伊直虎もまた、女城主を一般論や史実という「ある一面」だけで見るのではなく、演出を加えて人物像が出来上がる。

事実かどうかを重要視するのではなく、
大きな妄想と推測を許容したときにこそ、
歴史は、膨大な土地に作り上げた迷路のように奥深くなる。
いや、奥深さだけではない。
汚れなく虹色にひかり輝くダイヤモンドのように、
人を惹きつける魅力をまとう。

そして今日、私たち一人一人は、私たちなりの歴史を刻んでいる。
この本に羅列する言葉は、
読むときの心境によって受け方が変わるだろう。
初めて読んだときと、少しの時間が経過してから
あらためて読むときとでは、違う印象を受けるはずだ。
なぜなら、人は進化し、変化している。
リアルタイムに動いている。
読者の状況が変われば、
言葉や文字から受け取る印象や情報も様変わりして当然である。
これは、私たちの、わずか八十年そこそこの生涯について、

一つの事実を裏付けている。
それは
「私たちの人生は、常に順調ではない」ということ。
最高に美しい日々は、いつ壊れてしまうか分からない。

しかし、もちろんこの言葉も多面的である。
ある一面で判断してはならず、逆側が存在する。
逆側とはこうだ。
「私たちの人生は、常に最悪の状況ではない」
うまくいかない日々からは、いつか必ず脱することができる。
ただそれだけの、純粋かつ、問われることのない現実だ。
だからこそ、私たちはあらゆる困難に立ち向かい、
井伊直虎のように切り抜けていく。

私は、この本を書き上げるために、幾度か井伊谷を訪れた。
伝説の井戸の周囲には田園が広がり、
均等に配列された稲の穂先は、風が吹くたびに乱れて揺れ、

さわさわと音を奏でる。
その音があたかも、いにしえの時代へといざなうように、
心を騒ぎ立て、好奇心をピーク値まで上昇させてくれる。

井戸から数分ほど歩き、龍潭寺へ足を進める。
直虎のいた約五百年前に思いを馳せながら、風化し、
端が欠けている箇所がある石の階段を上り、いざ、山門を前にした。
山門でまた風がそよぐ。
風は、田園で稲穂を揺らすそれとは違い、
古刹独特の和の香りをしなやかに抱く。

参考文献

『藩翰譜』新井白石　1702（元禄15）
『井伊家傳記』祖山法忍 1715（正徳 5）
『藩翰譜続編』瀬名貞雄・岡田寒泉　1806（文化3）
『静岡県引佐郡誌』引佐郡　1992（大正11）
『引佐町史料第3集　近藤家由緒記全・井伊家伝記』引佐町教育委員会　1972『細江町史 資料篇』細江町　1980年版
『静岡県史料　第5輯』静岡県（臨川書店）1994
『井伊保物語・井平城』池田利喜男（引佐町伊平地区歴史と文化を守る会）1999
『井伊家傳記』西村忠（たちばな会）2000
『井の国千年物語　井伊氏とあゆむ』「井の国千年物語」編集委員会編集　2005
『戦国遺文　今川氏編第3巻』東京堂出版　2012
『遠江井伊氏物語　第五版』龍潭寺・武藤全裕　2013
『歴史人』KKベストセラーズ　2015年12月号
『不況を逆手にとる経営 —ピンチをチャンスに変えた七人の侍に学ぶ』多田勝美他（ごま書房）1993
『人は、誰もが「多重人格」～誰も語らなかった「才能開花の技法」』田坂広志（光文社）2015
『人生で起こること　すべて良きこと』田坂広志（PHP研究所）2015
『仕事の技法』田坂広志（講談社）2016

濱畠 太（はまはた ふとし）

ノンフィクション作家（ビジネス書、自己啓発書）。マーケター。

『大東建託』宣伝・販売促進部門。在職。

2013年より、企業に所属しながら作家活動を開始。

「マーケティング」「ものづくり」「感性」「働きかた」などをテーマに著書やセミナー講師も務める。

また、官庁の観光誘致、大手企業の商品開発など多くのプロジェクトへ参加。

企業や学生を対象にした研修、講演、異業種交流会の主催なども行っている。

テレビ東京「ワールドビジネスサテライト」ほか、メディアにも多数出演。
・マーティング従事者約1,000名からなる日本最大級のマーケティング勉強会『商品開発の会』幹事。
・ものづくりセミナー『山手会』幹事。

著書
『小さくても愛される会社のつくり方』明日香出版社、『わさビーフしたたかに笑う。業界3位以下の会社のための商品戦略』明日香出版社、『20代でつくる、感性の仕事術』東急エージェンシー、『ぶれない意見のつくりかた。～千利休・自分らしく働くための11作法～』誠文堂新光社、『～もし真田幸村が現代に生きていたら～ 成し遂げる人になる10の条件』カナリアコミュニケーションズ

遠州の女城主
井伊直虎に学ぶ35の選択

2016年11月15日　初版発行
著者／濱畠 太
編集協力／梶　邦夫、弘文舎出版
発行者／大石　剛
発売所／静岡新聞社
〒422-8033　静岡市駿河区登呂3-1-1　電話054（284）1666

印刷・製本　三松堂（株）
ISBN　978-4-7838-2254-7 C0036
乱丁・落丁本はお取り替えいたします。
定価はカバーに表示してあります。